IKGS
ausgesondert

Helmut Fritz · Als wäre das Lichtland gefunden

Helmut Fritz

Als wäre das Lichtland gefunden

Gedichte

FOUQUÉ LITERATURVERLAG
Egelsbach · Frankfurt a.M. · München
Bremen · New York

Die Deutsche Bibliothek - CIP-Einheitsaufnahme
Fritz, Helmut: Als wäre das Lichtland gefunden : Gedichte / Helmut Fritz.-
Egelsbach ; Frankfurt (Main) ; München ; Bremen ; New York : Fouqué, 1999
ISBN 3-8267-4443-8
NE: GT

©1999 Fouqué Literaturverlag
Imprint der Verlagsgruppe Dr. Hänsel-Hohenhausen®
Egelsbach • Frankfurt a.Main • München • Bremen • New York
Boschring 21-23 • D-63329 Egelsbach • Fax 06103-44944 • Tel. 06103-44940

ISBN 3-8267-4443-8
Erste Auflage
1999

Satz und Lektorat: Angelika Bechtel

Umschlaggestaltung unter Verwendung von
„Harun" von Emil Schumacher.
Mit freundlicher Genehmigung des Museums
des 20. Jahrhunderts, München/
VG Bild-Kunst, Bonn 1999

Dieses Werk und alle seine Teile sind urheberrechtlich geschützt.
Nachdruck, Vervielfältigung in jeder Form, Speicherung,
Sendung und Übertragung des Werks ganz oder
teilweise auf Papier, Film, Daten- oder Ton-
träger usw. sind ohne Zustimmung
des Verlags unzulässig und
strafbar.

Printed in Germany

Inhalt

1 ... mit von Meeren gefahrenen Sommern

Auf den Inseln	8
Am Meer	9
Shift	10
Aus der Bläue kommend	11
Augenblick	12
Frühling	13
Mit silbernen Füßen	14
Schneewesen unter uns	15
Wären wir Bäume	16

2 ... wo dir blühte der Stein oder
es wird noch ein Haar sein ein fernes

Verhüllt	18
Das Rätsel der Rosen	19
Es wird noch ein Haar sein	20
Komm	21
Am Abend	22
Wie am Anfang	23
Der Rhein	24

3 ... es gehn die Berührten durch Überlandorte

Feuervogel	26
Wie über Flüsse	27

Und der Feuerduft	28
Und im Stehen	29
Mondfrau	30
Päonienhände	31
Überfüllt	32
Morgens	33
Worin uns dieses geschah	34
Feuerzeit	35

4 ... es wären die Flüsse rot

Es wären die Flüsse rot	37
Jetzt will ich dich	38
Landschaft mit Dunkelwesen	39
In jener Nacht	40
Gleichstimmige du	41
Mit den Toten	42
Wenn noch einmal	43
Im Wald unsres Morgens	44
Ins Über ins Unter	45
Morgenfloß	46
Poeta Ebbro	47
Und wäre es so	48

5 ... in diesem hymnisch-hörigen Sommer
oder eine Lippe ein Luftschmerz darin

Du schläfst mir das Blau zu	50
Wir schliefen schon	51
Wo die Liebe	52

Erst wenn wir	53
Eingepflanzt	54
Es kommt ein Körper	55
Dunkel entsinnt sich	56
Du gehst auch	57
Weltwurzel	58
Firnlicht	59
Frühlingswinter	60
Hiroshima mon amour	61

6 ... *ein Nachtglanz im Mittag geschändet*

Das weißere Vlies	63
Der Ulieta-Vogel	64
Weltlang	65
Nie rudert ein Herz	66
Der aus der Wortsänfte	67
Kirschblüten	68
Balkan-Barock	69

7 ... *als du deinen Traum ausspanntest*

Lilith	71
Das Russenhaus	72
Black Nana	73
Du in meinen Gedanken	74
Aus Unversehrtem geknetet	75
Rundgespiegelt	76
Puppen sind wir	77

8 ... *auf halbmast flößen wir schlaflos*
oder eingestickt ins verlorene Lied

Capricorne	79
Den Herzhang hinunter	80
Auf halbmast	81
Vor dein frühes Gesicht	82
Das Paar	83
Stumm	84
Jene Helligkeitsgeste	85
In einem Café	86
Orpheus	87

1

mit von Meeren gefahrenen Sommern

Auf den Inseln

Auf den Inseln nahe der Trauer
berg ich die Nacht die du
schlafleicht entzündest
mit von Meeren
gefahrenen Sommern

Am Meer

Entblößt
liegt heller
Tag am Ufer
Unhörbar
zögern vergeblich
die Wellen

Shift

Wenn das Netz aus
Worten und Wimpern zerrisse
wenn verklänge das
Lied der Finger vom
dunkleren Blau
wenn nicht mehr
spränge empor der
Meerschaum am Morgen

Aus der Bläue kommend

Aus der
Bläue kommend hat einer
Wurfwesen bewirtet
hergeschlafen vom
Wachort Mittag um Mittag

hat dem
Erdlied den
aufgehenden Abend versprochen
das Gleiten im Weiten

Augenblick

Ein Himmel
trägt den Rotsandhügel
Das Meergesicht
zweier Münder
Ein Graston
herzblau
von einem Rabenflügel

Frühling

Granatapfelnacht
Es kreißen
Himmel und Erde
Unter den Schultern des
Dunkels brütet die Lust
Ihr Flüsse
bewimpert mit Glück
Sonnennah
singen die Fische
Und es fluten die Blumen
Die Schneevögel
entzünden den Frühling

Mit silbernen Füßen

Mit
silbernen Füßen
betrittst du die Worte
schmerzspurensanft
in diesem rauchblauen
halbverwaisten
frommen Oktober

Schneewesen unter uns

Schneewesen
unter uns

Geschöpfe
mit Flügelsohlen im Weltschoß

Sonnenwort du
mit dem dich
zerspringenden
Lichtriß

Wären wir Bäume

Wären wir Bäume
tasteten tiefer sich unsere Blicke
näher schwiegen wir uns ineinander
wissender wären wir und es
schritten man kann es vermuten
nach Haus unsre nachtblinden Seelen

2

wo dir blühte der Stein

oder

es wird noch ein Haar sein ein fernes

Verhüllt

Verhüllt
steht frühes
Blau im Fenster
Unstillbar
schaukeln im
Dunkeln die
Lampen

Das Rätsel der Rosen

Es wiegt die
Luft sich in den
geschwängerten Gärten
und taglang schlafen
unbewaffnet die Vögel

Wenn alles wieder beginnt
ihr Meere am Morgen wenn die
dunklen und die roten Worte
wahr sind noch einmal und das
zurückgeholte Rätsel der Rosen

Es wird noch ein Haar sein

Eine Helle
kommt den Morgen herauf
kniend wölbt sich die Welt
Sonnentiere loten das Licht

Uns hielt die
Hand des Jahrhunderts
Es wird noch ein
Haar sein ein fernes
stumm unterm Mund

Komm

Komm mit den Flüssen
Ohneliedfrau und
fülle lichtumnachtet mit
Stille das seidene Glas
du schneeruderäugige
komm

Am Abend

Am Abend flog dein
grünes Lied herüber
Schwarze Stimme in den
weichen Wind geritzt
ginsterdurchwachsen
und ich spürte nachts noch
ihre glatten kühlen Flügel

Wie am Anfang

Wie am Anfang
handrückennah
es war uns das nächste
wo dir blühte der Stein
und wir alles uns glaubten
sprech ich ihn wieder
den Sternvers
du kennst ihn
den hellen den
dunklen

Der Rhein

Hinter den trauernden
Baumstämmen lockt das
Bleiweiß des Eises
Komm auf die Insel zu den
Arkaden unter dem dunklen
Bogen des Mondes

3

es gehn die Berührten durch Überlandorte

Feuervogel

Luftzeit
es gehn die Berührten
durch Überlandorte

einiges stand in der Nacht
einiges flog
ein Atem waren
Gedacht und Gesagt

Feuervogel

dein Flattern
dein Flug in die Sterne
dein Wunder in uns

Wie über Flüsse

Mit Wortsprossen
grubst du herauf den
verschollenen Traum und
kamst erfunden noch einmal
stillglühend wie über Flüsse
wo ich ruhvoll die
Flugnägel blies in
unseren Schlaf und die
dunkleren Wurzeln uns tranken

Und der Feuerduft

Auch dieser
Schwellengang durch die
winddicht verschlossene Zone

Und der
Feuerduft auf den
Ästen der Seele im
Ufersand weißgeschmiedet
als die Blendung uns traf
als wir eines im andern die
Worte durchschwammen
ruhlos
im Fallen

Und im Stehen

Und im Stehen ein
traumschwarzer Schlaf wenn du das
rote Moos beschwörst den
Lichtschrei und die Aster der Nacht

Und das
bukowinische Kleid deiner
Morgen deiner Mittagsgeliebten deiner
wasseratmenden blutenden Muse
die das Wort die das
Wort in die Ewigkeit wirft

Mondfrau

Ich will dich geduldig mit
Worten bewirten sooft
wiederholungshörig wir
schmecken den Scharlachton
sooft im fieberweißen Gesang
weint dein widerständigstes Haar

Päonienhände

Päonienhände
wasserbegnadet
ein Auge das aufflog
schwirrend als Stern
das Schultersegel das schöne
Namenverkreuzt ist
unser Gebirge eine
Dunkelstunde hinter dem
Sturz dem grundlosen Morgen

Überfüllt

Überfüllt
vom nachtroten Wort
schläfenleise

inmitten des Schlafsammelnden
morgenhoch blind

die Berührungen die wir
wieder wieder
hell in uns
hören

Morgens

Morgens wenn anemonenfarben
schmeckst du das Licht der
dunkle Duft wenn im
silbernen Kahn unaufhörlich
redet dein Haar und an der
südlichen Herzwand entlang
schwirrt ein Kolibriflügel

Worin uns dieses geschah

Zweieinsam
laß uns lösen den
Himmeln das Haar und wir
sprechen lange den Namen des andern
und der doppelte Name schweigt

Es wirft uns die
Nacht Sterne ans
Land und der Traum der
stapft durch den Tag und die
Nacht worin uns dieses geschah

Feuerzeit

Wenn der Kirschbaum im Winter triebe
und der Reif entzündete die
Blüten im Schlaf
Sie wären Funken
und flögen als brennende
Engel über die Nacht

4

es wären die Flüsse rot

Es wären die Flüsse rot

Mit dem
Wurfholz eine
Welt entwerfen

Es wären die
Flüsse rot und
nächtens betretbar im
Sonnenbett lägen wir
lange und kämmten uns
ruhvoll das Haar mit
drei Handvoll Worten
entwürfen wir unser
Herzbuch und trieben bei
hellem Verstand auf Luftschollen
blau hinauf zu den Sternen

Jetzt will ich dich

Jetzt will ich dich
durch den Regen läuten
und zwischen die Sterne jagen
die Landungsstellen will ich dir zeigen
die aus Kältekarten und die umschlungnen
ich will dich von den Märkten
verscheuchen damit wir baun
uns aus Worten ein Haus
ein Flughaus zu den Rändern der
Nacht unserm Kranz

Landschaft mit Dunkelwesen

Landschaft mit
Dunkelwesen
unbespielbar
Über Wiesen
fallen zwei Abende
trauerverkreuzt
Du zwischen mir
bleiflügelweiß
Gelb redet der
Schneemond zwischen
Schambein und Wange

In jener Nacht

In jener Nacht
beschritten wir
miteinander den glühenden Schnee
es wuchs uns nur die
unheilbare Ferne
die Nachtsängerinnen
flöteten vor sich hin
und das Pflaster
schmeckte nach Mandeln

Gleichstimmige du

Gleichstimmige du
hautgewordene Weite
übergesprungen der Funke ein
Lichtgrund im losen Gewölbe
beieinander sind wir
geteilt wenn
Himmel wir atmen
und das Meer uns
wirft in die Ritze wo
trauen Nacht sich und Tag

Mit den Toten

Mit den Toten im
hauthohen
wundgewachten
Exil

Zwischen auch mich
durchsuchenden Nächten
einzige Gegenschläferin
du das Wärmeschild
zwischen den Lippen

Unter dem einen
Tropfen Gedächtnis
die Weltelegie
hell

Wenn noch einmal

Die Nächte regenbitter das Weiß
das wir flößen
unter dem Wort

Wenn noch einmal
käm eine Träne vorbei
wenn noch einmal
ich wär deine Wunde
und du schliefest in mir

ich läse dein
heimlichstes Schweigen
und erfände dir Lüfte
zur Landung bei dir

Im Wald unsres Morgens

Im Wald unsres
Morgens nahmst du mein
aufständisches Bild in deine Erde

wo sommertrunken
dein Haar ist und
dein Mund aufgeht aus
unsrer Entfernung

Gib mir den Flug und die
Leier gib mir das
Wort dem wir glauben

ich will er sein
will kommen

Ins Über ins Unter

Nervengeräusche hymnisch
gestundet die
aufgeschlossnen Gewalten

du springst über dich
ins fliegende
Weiß unsrer Nacht
und wir schlafen
uns ein ins
Über ins
Unter

Morgenfloß

Das Morgenfloß über dem Nachtmund

der vom
Wimpernstaub umworbene
Gipfelschwimmer
darauf

der Schädel herzhörig
gestülpt

du mit den
Nähe verschwendenden
Händen

Poeta Ebbro

In den Dämmerungen wenn das
Licht mit der Dunkelheit schläft
kommen aus schwarzen Bäumen die Toten

Und im blauen Garten ruht der
nackte Dichter mit dem Mönchsgesicht
Still sagt er leise Ich bin bei den Worten

Dann kommt mit Zweigen geschmückt
das große Tier aus dem Wald und
steigt auf den Schoß des Poeten

In den Dämmerungen wenn das
Licht mit der Dunkelheit schläft
sprechen mit den Lebenden immer die Toten

Und wäre es so

Und wäre es so

daß die Nacht das Feuerwort spricht
der Mythos noch einmal kommt aus dem Meer
die auferstehende Hand
schreibt den kommenden Sommer
und Stille und Sturm
schlafen in einem Gesang
als ende die Fährte im Licht

5

in diesem hymnisch-hörigen Sommer

oder

eine Lippe ein Luftschmerz darin

Du schläfst mir das Blau zu

Du schläfst mir das
Blau zu im Winter

Die Flügel verließen die Vögel
Windwesen unbegnadigt fötal
im Winkel hockt das Verbotne
das mit Asche geladene Schweigen
Wir ineinandergefällt
Stille zwischen den Mündern

Und du schläfst mir das
Blau zu im Winter

Wir schliefen schon

Wir schliefen
schon nackt überm Himmelsschoß
als du endlich heraufsangst
Doch wollten wir nicht
hinunterrudern zu dir
es blutete
Asche

Wo die Liebe

Pupillenwinter
gefoltert von
frostverschworenem Denkgeröll

Das windgeschliffene
Nein das
Nachtwort in diesem
hymnisch-hörigen Sommer

wo die
Liebe im Purpurmoor
sammelt die Silben
die unverwüsteten
Nirgendwosilben

Erst wenn wir

Erst wenn wir uns
ineinander verwandeln
bewege ich deine
Nacht

die kapert mit
unbeirrbarem Blick
all mein Gebornes

du kommst in die Winkel
der blutunterlaufenen Schlucht
die Heimat mir ist

wo das Verwaiste
blüht

Eingepflanzt

Eingepflanzt in die
Smaragdnarbe
Vielfluggewächs
über lungernden
Schlünden holt in den
Kreis das Getrennte

Ein Lichtpaar
errudert die Nacht

Es kommt ein Körper

Es kommt ein
Körper hartregnend
sternlippensteil das aus dem
hellsten Holz gewordene
wüstenblütige Mittagstier

Die Seele
sommersüchtig
friert unterm
Wolfsstein

Dunkel entsinnt sich

Dunkel entsinnt sich
der Himmel an den
Aufruhr der Liebe

Nachts in den
Lüften landet der
Flügel aus Schnee

Auf weglosem Posten
redet gewaltig
der Schwarze

Sie zurückgekehrt
in den Nabel
sieht das Schneeland

Du gehst auch

Du gehst auch
wie zwischen Wüsten
und nimmst den Gruß einer
Denkkrypta mit
da schaufelten
als unsre Wurzeln
nah im Verdrängten
sich trafen im Wörtergeäst
Fremde mit dem
was wir beide noch immer entzünden
an Zwiespalt
an Zuflucht

Weltwurzel

Die leidenden
Frühlingsgeburten
die zersprungenen
Fliederschriften
hinübergeflohen in den
künftigen Mund

die schrittbeschleunigte
Weltwurzel Liebe

Firnlicht

Mit der Herzhaut
das Wissen bewahren

oder es kommt
der krankgesprochene Wunsch
will mehr als der Mund
will auftun die Zeit
wo kam aus dem
All uns das Blau

eine Lippe ein
Luftschmerz darin
das Firnlicht dreimal
das Firnlicht

Frühlingswinter

In diesem Frühlingswinter
sanftblütig und was noch
ruht in der Haut
will ich dich lesen noch einmal
und du zündest den schneeigen Docht

unterm Kokon der Zeit
wo das Zweiwort uns
hüpft das verfallne
das regendurchweichte die
Erinnerungsstiege herauf

meereinsam
die Kapillaren des Wehs
die schüttere Bitte
zu halten
die Wunde

Hiroshima mon amour

Einige erinnern sich an die
Schneegalgenzeit
schreieinsam in
zerschnittener Nacht
einige gießen auf
dürrem Holz die
winzige Blüte

6

ein Nachtglanz im Mittag geschändet

Das weißere Vlies

Wenn du
nacktschwarz ein
einziger Mund bist dem
stählernen Angstgriff
und es empfängt dich der
krallige Kuß

Wassererfahren
lehnst du am
Wärmejahrzehnt
trauerhell haltend
eine Ewigkeitssekunde
das weißere Vlies

Der Ulieta-Vogel

Ausschweifende
undurchdringliche
flußgemarterte
Mitte

In den Blutstunden
jauchzt das gewaltsam Verborgne

Der Ulieta-Vogel
unbeirrbar
schwarzsilbern
fährt durch die Schnellen

Weltlang

Für die Wißbegier
aufgedeckt
das immer Verhüllte
achtlos ausgedacht
der lichtlange Schrei
ein Nachtglanz im
Mittag geschändet

Die im Fluglied
verwundeten die
weltlang besudelten Saiten

Nie rudert ein Herz

Nie rudert ein
Herz zur verbrannten Quelle
zurück eine Hand
retten zerstören
will sie den gefolterten
Blick

da spricht
keiner
und kein Lichtfahrer
freit einen Traum der
schießt

Der aus der Wortsänfte

Der aus der Wortsänfte
hier eingedrungene
Blutblick verbrennt
ihren Schrei

Aus den elf Aschen
gesprungene Kälten
kommen

Und kein
Horizont

Kirschblüten

Kirschblüten
mit Rohheit beworfen

der Wille
blickfremd zu sein

an das Verlangen geschraubt
ohnmachtgleich
der Gang auf den Sohlen der Kälte

in der dunkelsten
Dämmrung der
schmerzharte grübelnde
Wunsch

Balkan-Barock

Deine
Schmerzpoesien
Partisanin schamweiß

Und das blutende
Tizianfleisch deiner
serbischen Nacht auf der
dunkelsten Seite der Liebe
unterm Triptychon der
fortgefallenen Seele im
wortleeren drahtharten
wassergewaltigen Weinen

7

als du deinen Traum ausspanntest

Lilith

Als du deinen
Traum ausspanntest aus dem
silbernen Schlitten und im
Firnschnee verließest die
Haarspur wie besangen die
Nächte deine fliegende Stirn
als du Nomadin des Windes das
Fliegen verlerntest als an der
Herzwand aufschlug dein
trunkener Mund als du
alles berührend und von
allem berührt was
wartet was wächst
erstarrtest im Gipsbett als
Kleid die Klage ihr
Wachen im Weiten

Das Russenhaus

Trüber Tag. Die Sommerbäume glauben an Orplid. Sie schlagen Wurzeln in den immergrauen Himmel. Nachtgrün und in dunklem Englischrot.

Das hohe Haus belagern sie. Schreiben mit den bloßen Fingerkuppen leichte Worte in die hellen Wände.

Nacht. Im offnen Fenster steht ein scharlachrotes Kleid.

Die Frau, die ihr Orplid verlor.

Black Nana

In der Muschelschale die
Landung war hart
Kythera zu klein für
Herzgeburten während des
Fluges der Protest
gegen die neuen Götter
verhallte im Raum
und es bleibet dem
Opfer nur zu töten sich
selbst einmal immer

Du in meinen Gedanken

Es war der
Blick der aus dem
Sommer herauflog das
unstillbare Staunen und
purpurrot machten die
Portieren wieder das Spiel

Die Fernen wollt ich
durchmessen wie ähnlich
Fremde erdacht ich dich mir
Und zu wissen versunken im
Grunde ist der mythische Spiegel
Weltjahreweit

Aus Unversehrtem geknetet

Aus Unversehrtem
geknetet bricht der
heillos durchwinterte
Wortstrand den
Seelenschacht auf

Aus seinen Flüssen
nimmst du
schneegebetschroff
ein dir gleichendes Auge
in die Mundmitternacht
ein Stück Licht
im Gesicht

Rundgespiegelt

Der den
Kreis um sich zieht
der singt sich den
Ring in die Stirn
der Eisgeliebte im
südlichsten Norden

Rundgespiegelt der
moorverfallene
Mittagskuß der uns
erkennt der fortsetzt den
Weg ins abgetrennte
Gebet auf der Spur des
unheilbar-heilig Verlornen

Puppen sind wir

Puppen sind wir
unbeweglich mit
Winteraugen
Glasfiguren an
ehernen Fäden
heillos bewegt
Im Schaufenster
stehen wir steif
Spielzeug in den
Händen der
allmächtigen Laune
Puppen sind wir
unbeweglich mit
erfrorenen Augen

8

auf halbmast flößen wir schlaflos

oder

eingestickt ins verlorene Lied

Capricorne

König und Königin
gegossen in Bronze

Unsere Stimmen
sahen sich an ein
Fleisch war der
Ruf zur Revolte

König und Königin
Die Jahre wehen
herüber ins bleierne Blau
Die Trauer der Stirnen

König und Königin
Im welken Laub
liegt die Lunte wer
sähe nicht das
verdunkelte Fenster

Den Herzhang hinunter

In diesen stummen
Augen hockt die Nacht

Wer wollte nicht
kämmen noch einmal die
Brauen des Traums und
bauen den Wünschen ein
Haus in der Fremde

Den Herzhang hinunter
ist gesichelt das Licht

Auf halbmast

Auf halbmast
flößen wir
schlaflos unsern ertrunkenen Sommer

Du füllst den Verlust in
silberne Krüge du
stellst sie ins bittre ins
glühende Wort du
gräbst eine Nacht aus
Mund und Gewißheit

Vor dein frühes Gesicht

Vor dein frühes Gesicht
selbstgeschaffen hirnkühl
zwischen uns zerredenden
Tagen trat etwas das
nicht heimkommen wollte un-
berührt vom wissenden Wort

Das Paar

Eingestickt ins
verlorene Lied
Unsere Hüften
bewahren den
Schneekranz
Zwischen Lippe und
Lippe flattern die
Silben wie
hell war das Wir
Licht ist
Schwarz und voll Leere

Stumm

Die scharfgewimperten
Schlucke Nähe
sorgsam gefiltert

Das Echo der
Sätze der Blicke
unter dem Fallbeil Hoffnung

Erklärungen turnen auf
stürzendem Weg
Verlorenes mehrt sich

Von der
Stimme getrennt
abgehangen dein
Herz wenn ich
rufe dich
stumm

Jene Helligkeitsgeste

Schwarzfingrig der
Abend wo
Italiens
rotgesungener Schoß den
Tod holt ins Bett
wo das Gefühl
zurückgibt den Namen
stürzt zurück der Samen ins Glied

Jene Helligkeitsgeste
im Lichtwasserspiel
Der Gegenblick
schweigt

In einem Café

Ein Paar in eines jeden Fremde
Leere schwärzt den Absinth
Ins Nichts greift die Trauer
Diesseits des Todes ist dunkler die Nacht
Ins Nichts greift die Trauer
Leere schwärzt den Absinth
Ein Paar in eines jeden Fremde

Orpheus

Grau
jene Leier
daß die Liebe
ein langsamer Tod ist
meerflügelfern die
Flammen der Nacht
die den Steinen die
Wahrheit entriß
als sei Welt da
für alles Gesungne

Der warf beim
Gehen einen Blick zurück
als wäre das
Lichtland gefunden